WAGONS DE [illegible]

Le Baron [illegible] DERSCHA[illegible]

ING[illegible] RUSSE

[illegible]

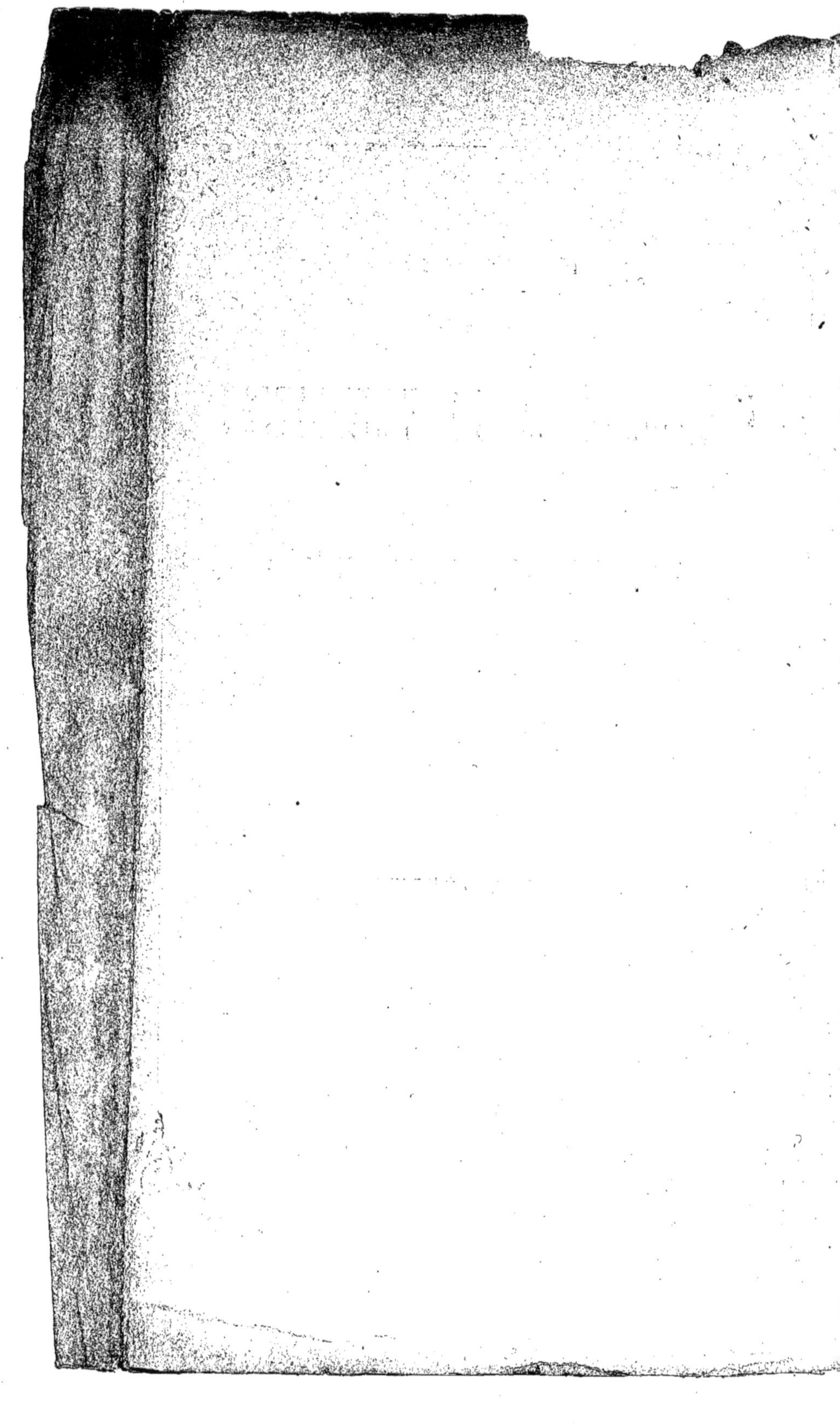

ÉTUDE

SUR LE

CHAUFFAGE & LA VENTILATION

DES

WAGONS DE VOYAGEURS

ÉTUDE

SUR LE

CHAUFFAGE ET LA VENTILATION

DES

WAGONS DE VOYAGEURS

PAR

Le Baron N. de DERSCHAU

INGÉNIEUR RUSSE

PARIS

LIBRAIRIE CENTRALE

9, RUE DES BEAUX-ARTS, 9

1871

A Monsieur le Général MORIN,

Directeur du Conservatoire des Arts et Métiers.

Monsieur le Général,

Ayant poursuivi avec persévérance, depuis une douzaine d'années, l'étude scientifique et pratique de toutes les questions qui se rattachent au chauffage et à la ventilation des hôpitaux, édifices publics et habitations privées, et ayant eu l'honneur de vous communiquer quelquefois les résultats de mes travaux, je viens vous demander la permission, comme témoignage de la reconnaissance que m'ont inspirée vos études et vos conseils, de vous offrir la dédicace de cet opuscule sur le chauffage et la ventilation des wagons.

Il faut considérer qu'à l'époque de progrès où nous vivons l'immense réseau des chemins de fer de l'Europe ne forme qu'un tout, et qu'il est du devoir des ingénieurs d'apporter le tribut de leurs efforts à la prospérité de l'œuvre internationale. C'est dans cette pensée, Monsieur le Général, que j'ai cru bien faire en publiant ma brochure en langue française, celle de toutes qui est la plus répandue.

Heureux si mes efforts sont couronnés de quelque succès!

Veuillez agréer,

Monsieur le Général,

l'assurance de ma haute considération et l'expression de mes sentiments de parfaite gratitude.

Baron N. de DERSCHAU.

CHAUFFAGE ET VENTILATION

DES

WAGONS DE VOYAGEURS

I

NÉCESSITÉ DU CHAUFFAGE ET DE LA VENTILATION DES WAGONS

Les chemins de fer se développent, en Europe, d'une manière prodigieuse, et chaque jour le nombre des voyageurs augmente sur les divers réseaux qui mettent en communication directe les peuples entre eux. Cette loi de la circulation générale impose à ceux qui ont pour mission de la féconder des devoirs très-sérieux, et, parmi ces devoirs, le plus important de tous, après celui de la sécurité, est incontestablement la conservation de la santé du voyageur, et la faculté de rendre le voyage le moins fatigant possible. Or, quand un voyageur doit parcourir plusieurs milliers de kilomètres, en traversant des zones très-différentes au point de vue des circonstances atmosphériques, ce n'est pas seulement la certitude de les franchir sans danger qui doit l'encourager dans ces longues pérégrinations, mais c'est encore la conviction que sa santé sera à l'abri de tout inconvénient. Y a-t-il, en effet, un supplice plus affreux que de souffrir du froid en wagon, si ce n'est d'étouffer de chaleur dans un compartiment non ventilé?

Chauffage et ventilation sont donc les deux questions qui vont nous occuper, et nous tâcherons, dans cette notice, de démontrer d'un côté les inconvénients, et d'indiquer de l'autre les moyens pratiques, basés sur des études scientifiques, de remédier au mal, ou du moins de l'atténuer le plus possible.

Résultats des études que nous avons faites pendant l'hiver de 1866, dans un wagon de 3e classe, sur le chemin de fer Nicolas (de Saint-Pétersbourg à Moscou).

Le wagon, dit *américain*, à huit roues, d'une longueur de seize mètres, portait quatre-vingts voyageurs et ne contenait aucun appareil de chauffage.

La température extérieure, au moment du départ de Pétersbourg, était de 31° centigrade au-dessous de zéro et, dans l'intérieur du wagon, de 27° au-dessous.

Les observations étaient horaires et se faisaient au moyen de douze thermomètres placés dans la longueur du wagon, moitié en haut, moitié en bas.

Dosage de l'acide carbonique, au moyen du procédé Petencopfer, par titration.

Détermination de l'état hygrométrique de l'air au moyen d'un psychromètre d'August, contrôlé par un hygromètre de Régnault.

La température augmentant toutes les heures, dans les régions supérieures du wagon, est arrivée en moyenne à 6,°5 centigrade au-dessous de zéro, tandis qu'en bas, en augmentant, elle n'est arrivée qu'à 21°.

La quantité d'acide carbonique, augmentée toutes les heures dans des proportions inouïes, donnait après la première heure 1°,4 par mille de volume, tandis qu'à la fin de nos observations elle était de 9°,4!

Quand on pense que pour les habitations l'air est réputé pur et salubre lorsque la quantité d'acide carbonique ne dépasse pas 1 par mille de volume, il faut avouer que le séjour dans un air confiné, qui accusait une quantité d'acide carbonique neuf fois plus grande, devenait intolérable en présence de l'énorme quantité de miasmes et d'effluves organiques, dégagés simultanément dans les mêmes proportions par la respiration pulmonaire et cutanée. Une odeur insupportable accusait leur présence.

Quant à l'état hygrométrique, il est évident qu'il était dans d'aussi mauvaises conditions, c'est-à-dire qu'il approchait constamment de l'état de saturation,

La confirmation des données fournies par nos instruments se manifestait tout naturellement dans l'épaisse couche de glace qui tapissait le plafond et les parois du wagon, en même temps que par l'épais brouillard qui régnait à l'intérieur.

Les observations ont duré neuf heures et ont dû cesser, à Bologowo, après un parcours de 300 kilomètres; elles n'étaient plus physiquement possibles.

Nous-même, exténué de fatigue, nous avons dû quitter le wagon.

Tels sont les résultats obtenus d'une part sous l'influence de 31° de froid et de l'autre par la chaleur animale que développaient quatre-vingts voyageurs réunis, à raison de près de 4,000 calories par heure, ainsi que de 3,33 kilogrammes de vapeur d'eau produits, simultanément avec l'acide carbonique, les miasmes et les effluves organiques, par la respiration pulmonaire et cutanée, dans le même espace de temps.

Mais les malheureux voyageurs condamnés à continuer leur route jusqu'à Moscou, qu'ont-ils dû souffrir?

A la gare de Bologowo, on reste environ une demiheure, pendant laquelle on se réchauffe un peu, puis on rentre dans un wagon grandement ventilé, les portes étant ouvertes à un air de 30° au-dessous de zéro.

En repartant, le supplice est toujours le même, et va durer encore neuf mortelles heures!

Il y a des gens qui prétendent que c'est un luxe inutile que le chauffage des wagons, et que c'est bien assez, dans tous les cas, de chauffer la première classe.

Pensent-ils donc que le voyageur de troisième classe, qui est pauvre, et qui ne peut se garantir du froid par de chaudes fourrures, soit fatalement condamné à souffrir?...

Non, le bon sens s'y oppose, et tout esprit juste, éclairé et compatissant doit faire raison de telles aberrations.

Il faut avoir eu l'occasion d'être témoin de ce qui se passe sur les lignes d'un grand parcours pour se faire une idée exacte de la question.

Par de grands froids, de pauvres femmes, quelquefois avec des enfants, n'ayant pas de quoi payer le supplément exigible pour se trouver dans les wagons d'une classe supérieure, vendent leurs effets pour se le procurer.

Qu'on se figure encore un train arrêté par des chasse-neiges entre deux stations, ce qui arrive souvent! A quelles terribles souffrances sont exposés les pauvres voyageurs que les vêtements les plus chauds ne peuvent plus protéger!

Que de fois n'avons-nous pas entendu les plaintes et les gémissements de ces pauvres victimes de l'indifférence et de l'égoïsme humains, et comme elles désiraient que les personnes qui les exposent à de pareilles tortures fussent présentes pour les comprendre et les partager!

Bien que nous ayons pris pour exemple un wagon en Russie, et dans des conditions exceptionnelles, nous le reconnaissons, la nécessité du chauffage et de la ventilation ne s'en impose pas moins pour des climats plus tempérés.

Nous espérons être assez heureux pour indiquer un système qui pourra s'appliquer d'une façon générale à toutes les contrées de l'Europe, et sauvegardera la santé des voyageurs de toute classe.

Nous prétendons que tous les wagons doivent être ventilés toujours et chauffés convenablement toutes les fois que la température extérieure tombe au-dessous de zéro, même pour un parcours de quelques heures.

Un froid qu'on supporte courageusement en marchant ou en voiture n'est point supportable quand on reste immobile quelques heures dans un wagon, sans avoir même la possibilité de sortir aux stations.

Quant à la ventilation, elle n'en est pas moins importante, surtout pendant la nuit. Toute fenêtre, ou tout orifice ordinaire simplement ouvert, produit des courants d'air froids très-incommodes et dangereux pour la santé.

Il est indispensable que l'air vicié par la respiration soit évacué par des orifices pratiqués au plafond du wagon.

Lorsqu'un voyageur part d'une ville, comme Paris,

par exemple, avec 5 à 6° au-dessus de zéro, s'il n'a pas eu soin de se vêtir très-confortablement, il peut très-bien se faire que, quelques heures après son départ, en traversant des pays montagneux, il se trouve en présence d'une température beaucoup plus basse.

La souffrance est d'autant plus cruelle qu'elle est imprévue. N'est-ce pas, alors, le devoir des Compagnies de chemins de fer de venir en aide au voyageur? Les sacrifices d'argent sont très-minimes; du reste, seraient-ils plus grands, ils seraient largement justifiés par le réel soulagement qu'ils produiraient.

II

PROGRAMME POUR LES APPAREILS DE CHAUFFAGE ET DE VENTILATION

En raison des considérations qui précèdent, et en nous basant sur nos expériences personnelles, nous nous permettrons d'indiquer ici le programme qui doit servir à l'installation des appareils pour le chauffage et la ventilation des wagons.

PROGRAMME

La température des wagons pendant la période de l'hiver doit être constante entre 10° et 12° centigrade, avec un moyen facile de la régler et de la contrôler.

Les appareils ne doivent pas prendre beaucoup de place et surtout ne pas gêner les voyageurs.

La chaleur sera répandue également pour toutes les places du wagon et la même en haut et en bas, et les voyageurs ne devront être exposés à la chaleur rayonnante, sous aucun prétexte.

En cas de chauffage pneumatique, l'entrée de l'air chaud ne doit pas incommoder les voyageurs, et dans tous les cas il doit déboucher par en bas, avec une vitesse moindre de 0,3 de mètre par seconde.

Les surfaces de chauffe seront réparties dans toute l'étendue du wagon proportionnellement à la déperdition de la chaleur de chaque compartiment.

Les appareils ne doivent jamais présenter de danger pour les voyageurs; ils seront construits solidement et offriront toutes les garanties pour ne pas être arrêtés dans leur fonctionnement.

Le service sera fait d'une manière simple et peu coûteuse.

L'effet utile des appareils doit être aussi grand que possible, tout en n'employant que des combustibles d'un prix peu élevé et faciles à trouver dans les régions du parcours.

La ventilation d'un wagon doit avoir lieu par un renouvellement d'air dans la proportion de 6 mètres cubes par heure et par voyageur, avec un moyen facile de la régler, et de manière à empêcher les courants d'air au lieu de les produire.

III

APPAREILS DE CHAUFFAGE ET DE VENTILATION ACTUELLEMENT EN USAGE

La nécessité du chauffage et de la ventilation se démontre par le nombre d'appareils plus ou moins parfaits qui existent sur plusieurs lignes en Europe, même dans les climats tempérés. Nous croyons donc utile de faire une description succincte des principaux appareils, pour prouver combien la question a été négligée et combien surtout ils sont loin de remplir les conditions du programme sus-énoncé.

Chaufferettes. — En France, en Italie et dans quelques parties de l'Allemagne, l'emploi des chaufferettes à boule d'eau chaude ou remplies avec du sable surchauffé, qu'on place à l'intérieur des wagons ou que l'on pousse de l'extérieur sous la banquette, est un des moyens les plus usités. L'effet de ce chauffage est loin d'atteindre le but.

Il est évident qu'avec ce système il est impossible de régler la température, attendu que la source de la chaleur n'est pas constante, mais, au contraire, diminue assez rapidement ; de plus, l'effet produit est illusoire, c'est-à-dire que si vous avez chaud pendant quelque temps, vous grelottez bientôt après.

En outre, le renouvellement des appareils ne se fait jamais exactement ou s'opère dans des conditions insuffisantes.

Ce service serait très-compliqué et dispendieux si l'on voulait chauffer au moyen de chaufferettes toutes les classes de wagons. M. l'ingénieur Jacqmin dans son ouvrage sur l'exploitation des chemins de fer, indique le nombre de 14,000 chaufferettes comme nécessaire pour la ligne de l'Est. L'impossibilité de régler la température est aussi un inconvénient grave ; on a vu souvent des voyageurs, exaspérés par ces alternatives de chaud et de froid, jeter par les fenêtres les instruments de leur supplice.

Appareils de chauffage au moyen de briquettes en charbon. — Le système des chaufferettes, d'une nature perfectible, a subi certaines modifications qui ont eu pour résultat, à notre avis, de diminuer quelques-uns de ces inconvénients, sans offrir cependant de compensation sérieuse aux voyageurs. Ainsi, en Allemagne, on commence à supprimer les boules d'eau chaude et les appareils contenant du sable surchauffé ; à leur place, on a mis, dans les chaufferettes, une espèce de briquette de charbon qui brûle lentement, avec l'accès d'une très-petite quantité d'air; le cylindre, rempli de ce charbon, peut brûler pendant dix-huit heures.

Au point de vue du service, il peut paraître avantageux de ne pas être obligé de recharger ce cylindre. Mais considérons le voyageur : il est, incontestablement, à la merci de ces nouvelles chaufferettes qui, une fois allumées, ne s'arrêtent plus pendant dix-huit heures, sans qu'il y ait, pour atténuer cet effet aussi constant que pernicieux, la moindre ventilation !...

Malheureusement cette absence de ventilation existe aussi bien en France qu'en Allemagne; aussi quand, pour respirer ou pour se rafraîchir, le voyageur ouvre les fenêtres du wagon, il est exposé aux accidents les plus sérieux.

En outre, il faut constater que ce mode de chauffage est très-dispendieux, sinon pour les frais d'installation première, du moins pour l'entretien; attendu que les briquettes se vendent à Paris, sous le nom de *combustible Stoker*, à raison de 1 fr. 80 le kilogramme.

Plusieurs directions de chemins de fer en Allemagne, évaluent en moyenne la dépense à 6 francs par wagon et pour un parcours de 700 kilomètres, tandis que, dans les mêmes conditions, le chauffage à la vapeur est huit fois moins coûteux.

Aussi cette invention n'est-elle appliquée qu'aux wagons de 1re classe, et rarement à ceux de 2e classe.

Nous avons le ferme espoir, cependant, que la triste

réalité prouvera tout ce que ce mode de chauffage a de pernicieux; il peut bien arriver, en effet, que, la nuit, les voyageurs se trouvent asphyxiés; il suffit, pour cela, que le cylindre à briquette de charbon ne soit pas complétement hermétique.

Les poêles et les calorifères. — Les poêles métalliques ainsi que les poêles en faïence, quoique moins mauvais que les chaufferettes, ne peuvent être considérés comme appareils sérieux, ni soutenir la critique, si perfectionnés qu'ils soient.

En effet, pour les wagons à compartiments, ils sont inadmissibles, parce qu'ils occupent trop de place; d'autre part, dans les wagons dits *américains*, ils sont loin d'être pratiques, car si le poêle n'a pas de manteau, malheur à celui qui se trouvera à ses côtés : il étouffera de chaleur, tandis que celui qui en sera éloigné gèlera sûrement.

Si, au contraire, le poêle a un manteau, c'est-à-dire si c'est un calorifère alimenté par l'air extérieur ou agissant par circulation, tout naturellement l'air échauffé monte et se répand dans les régions du haut et ne s'abaisse qu'après avoir été plus ou moins refroidi; d'où il résulte que la tête du voyageur se trouve dans un milieu beaucoup plus chaud que ses pieds, effet anti-hygiénique et même dangereux!

Mais ce ne sont pas les seuls désavantages que présentent les poêles; il y a aussi le danger des incendies, et l'on cite de nombreux accidents, entre autres celui qui a eu lieu sur le chemin de fer de Koursk à Taganrog.

L'année dernière, trois wagons munis de poêles se chargeant par en haut ont été incendiés.

Il est inutile de rappeler que tout poêle présente la chance de produire des vapeurs asphyxiantes, et l'on citerait, à cet égard, de nombreux cas d'asphyxie qui ont eu lieu en Russie et en Allemagne.

Nous dirons, en dernier lieu, que les Annales du Conservatoire des arts et métiers mentionnent un article de M. le général Morin qui démontre, d'une manière très-positive, que les poêles métalliques ont la propriété d'empoisonner l'air par l'oxyde de carbone, même en admettant un bon tirage dans le foyer.

Si l'on se donnait la peine de réunir tous les éléments statistiques des sinistres survenus sur les diverses lignes de chemins de fer par suite de l'emploi de mauvais systèmes de chauffage, on arriverait à un chiffre assez formidable pour effrayer le public et compromettre notablement les personnes de qui dépend la sécurité des voyageurs.

Malheureusement les poêles ont un grand et incontestable mérite aux yeux des directions de chemins de fer, c'est le bon marché de leur installation; en outre, on acquiert, grâce à eux, le droit de faire croire que es wagons sont chauffés.

En résumé, tout système de chauffage des wagons au moyen de poêles, examiné sans préventions, d'après les seules données de la science, doit être abandonné.

Il est absolument inutile de chercher à le perfectionner, ce serait perdre du temps, et cela ne servirait qu'à ajourner l'application d'un chauffage rationnel combiné avec la ventilation. C'est pour ce motif que nous n'avons pas jugé nécessaire d'entrer dans de plus amples détails.

Calorifères placés hors du wagon. — L'ingénieur Boreischa a publié récemment en Russie une brochure dont le but était de démontrer les avantages d'un nouveau système de chauffage et de ventilation pour les wagons.

L'appareil indiqué par M. Boreischa consiste en deux poêles métalliques à chargement continu placés, extérieurement, aux deux extrémités du wagon; ces poêles sont entourés d'un manteau qui communique, par en bas, avec l'air extérieur, au moyen d'un soufflet mis en action par le mouvement du wagon lui-même. L'air, étant chauffé à une très-haute température, est poussé de la partie supérieure dans des tuyaux placés le long des parois du wagon, sous les banquettes.

Il est évident que, tel qu'il est construit, cet appareil ne peut être utilisé que dans les wagons dits *américains;* et si l'inventeur croit avoir résolu la question, nous ne sommes pas du tout de cet avis; nous allons dire pourquoi :

1° L'appareil ne pouvant pas être très-grand c'

n'ayant pas, par conséquent, assez de surfaces de chauffe, exige que ces dernières soient portées au delà de 250°. C'est là un grave inconvénient sous le rapport hygiénique, puisqu'il est prouvé que, dans ces conditions, on obtient de l'air surchauffé, quoique refroidi après, lequel est tout à fait malsain, en raison de la grande quantité de poussière organique qui se carbure et du dégagement inévitable de l'oxyde de carbone.

2° La quantité d'air extérieur qui passe par l'appareil dépend directement de la vitesse du train; or, comme celle-ci varie sans cesse et qu'il y a de nombreux temps d'arrêt, quand, aux moments d'arrêt, le soufflet ne marche pas, il est évident que l'air chaud ne peut plus être refoulé dans les tuyaux. Il en résulte qu'on se trouve dans l'impossibilité de régler l'effet de l'appareil, n'ayant pas le moyen de modifier la température des surfaces de chauffe ni de changer leur grandeur.

3° Le grand nombre de foyers dans un train est d'une surveillance très-difficile, et présente, en outre, un danger sérieux pour l'incendie.

En résumé, la brochure de M. l'ingénieur Boreischa repose en partie sur des formules et des calculs complétement inexacts, et ne peut pas inspirer de confiance. Ainsi, quand l'auteur, pour déterminer la chaleur qui doit élever à une certaine température un nombre quelconque de pieds cubes, multiplie ce nombre par la chaleur spécifique de l'air et la température à atteindre, au lieu de prendre le poids de l'air et de le multiplier par le nombre de degrés et la chaleur spécifique, il arrive fatalement, par ce calcul erroné, à démontrer qu'il faudrait la même quantité de chaleur pour mille pieds que pour mille mètres cubes.

Dans la fabrique de wagons, à Elbing, en Prusse, nous avons vu des préparatifs d'installation de chauffage sur ces mêmes données, avec la différence que l'appareil est horizontal et qu'il est établi en dehors du wagon et sans soufflet. C'est, à notre avis, un léger perfectionnement, mais qui ne change en rien la nature de notre critique.

Du reste, nous avons eu dernièrement l'occasion d'examiner des appareils semblables à ceux préconisés par M. Boreischa, et nous avons appris qu'en France et en Belgique on en avait fait des essais sérieux et sur une assez grande échelle. Nous sommes persuadé qu'ils produisent le même résultat pratique, parce qu'ils sont basés sur les mêmes erreurs scientifiques, bien que nous nous plaisions à reconnaître que de grands efforts d'imagination, tels que ceux qui ont été faits par MM. Grandjean et Ce par exemple, auraient mérité un meilleur succès.

Chauffage à eau chaude. — Dernièrement, à Berlin, nous avons pu visiter le wagon impérial, chauffé à eau chaude au moyen d'un thermo-syphon; l'installation par elle-même nous a paru bonne, mais elle revient à un prix très-élevé — 3,400 fr. pour le wagon en question — et ne peut pas, par conséquent, être employée pour les trains de voyageurs.

Le chauffage à eau chaude, à basse pression, est sans contredit le plus rationnel, mais son application aux wagons rencontre des difficultés. Voici pourquoi :

1° La température moyenne des surfaces de chauffe ne peut être portée au delà de 70° centigrade. Pour transmettre, par heure, le nombre de calories nécessaires à l'entretien d'une chaleur suffisante par le froid le plus rigoureux, il faudrait un trop grand développement de ces surfaces. C'est un inconvénient qui entraîne à de plus grandes dépenses pour l'installation et exige plus de place pour l'appareil.

2° Toutes les fois que le chauffage est suspendu, il faut vider l'appareil, en laissant échapper l'eau chaude, et perdre inutilement de la chaleur obtenue; mais, ce qui est bien plus difficile, c'est de remplir l'appareil par les grands froids, à moins que, pour cela, il n'y ait des hangars chauffés tout exprès.

3° En cas de rupture d'un tuyau, les voyageurs seraient exposés à un grand danger.

4° La nécessité d'avoir dans chaque wagon un foyer présente de la difficulté pour le service, et le danger de l'incendie.

5° Le peu de hauteur dont on dispose sous les banquettes ne permet pas de donner au circuit une pente suffisante pour faire facilement écouler l'eau en vidant l'appareil.

6° De tous les systèmes, le chauffage à eau chaude est certainement le plus dispendieux.

Le chauffage à vapeur en Allemagne. — Avant de poser les principes d'un chauffage à vapeur tel que nous le pratiquons en Russie, il est nécessaire de faire mention qu'en Allemagne ce système a déjà pris une certaine extension. Plusieurs lignes de chemins de fer, en Prusse, et presque toutes, en Bavière, sont munies de chauffage à vapeur; ce chauffage consiste en une chaudière placée dans le fourgon à bagages, à la tête du train. Cette chaudière verticale, de 1m80 sur un diamètre de 0m70, a une surface de chauffe de 9 mètres carrés, et par conséquent susceptible de produire, par heure, au moins 200 kilogrammes de vapeur. Près de cette chaudière se trouve un réservoir d'eau d'environ un demi-mètre cube. Pour préserver cette eau de la congélation, un tube partant de ladite chaudière y amène la vapeur et la maintient à une température convenable.

L'alimentation de la chaudière se fait par une pompe à main ou par un injecteur Giffard.

La chaudière est très-solidement construite et munie d'une enveloppe en bois, ainsi que des armatures nécessaires pour toute sécurité (1). Pour la distribution de la vapeur dans tout le train, qui est ordinairement composé, pendant la saison d'hiver, de 8 à 12 wagons, de la chaudière part un tuyau de 4 centimètres de diamètre; ce tuyau est placé au-dessous de tous les wagons, presque au milieu, et les raccorde entre eux

(1) Les 70 chaudières pour la Bavière, ainsi que les appareils de chauffage, ont été exécutés dans les ateliers de M. Haag, à Augsbourg. Nous venons d'apprendre que la Suède a fait plusieurs commandes dans ce genre à cette usine.

par des articulations en caoutchouc, qui ne sont, en somme, que des tuyaux munis de robinets servant à purger l'appareil de l'eau de condensation qui aurait pu y séjourner.

Chaque tube est muni à ses extrémités d'un robinet servant, en cas de découplement, à intercepter la sortie de la vapeur.

Ce robinet reste constamment ouvert pour le wagon de queue, et laisse ainsi échapper l'eau de condensation.

De ce tuyau, la vapeur pénètre, au moyen de tubes de 15 centimètres de diamètre, dans les appareils de chauffage, qui consistent en cylindres en fer de 10 centimètres de diamètre et de 1m55 de long. Dans ces cylindres, placés sous chaque banquette, cette vapeur se condense en abandonnant sa chaleur latente, et ressort à l'état d'eau par le conduit qui l'avait amenée.

Tel que nous avons décrit l'appareil, il devait présenter un inconvénient très-grave, car les wagons les plus près de la locomotive recevaient de la vapeur à une température plus haute et en plus grande quantité que ceux placés à la queue du train. De plus, l'impossibilité physique où l'on se trouvait de régler la température des wagons plaçant les voyageurs entièrement à la merci du chauffeur, on a dû nécesairement établir pour chaque appareil un robinet de fermeture, pouvant se manœuvrer de l'intérieur ou de l'extérieur.

Malgré le surcroît de la dépense, cette mesure était

indispensable, autrement le remède eût été pire que le mal.

Malheureusement, le plus grand nombre de wagons munis de chauffage à vapeur, en Allemagne, n'ont pas encore reçu ce perfectionnement, et les pauvres voyageurs sont exposés à des souffrances inouïes, restées sans remède, n'ayant d'autre ressource que d'ouvrir toutes les croisées, ou bien de subir les inconvénients d'une chaleur tropicale.

Malgré tout, on ne peut que féliciter les Etats allemands, et surtout la Bavière, des efforts accomplis, car c'est un pas réel vers le progrès, et qui a exigé de grands sacrifices d'argent comme frais de première installation.

Inconvénients des appareils de chauffage à vapeur en Allemagne. — La règle générale de tout chauffage à vapeur est de ne jamais amener la vapeur et l'eau de condensation à se rencontrer, ce qui produirait des chocs bruyants et empêcherait l'écoulement de l'eau.

Il pourrait aussi se former des dépôts qui, dans un moment où l'appareil ne fonctionnerait pas et serait soumis à de fortes gelées, arriveraient à détériorer les tubes.

Cette règle n'est point prise en considération pour les appareils que nous venons de décrire.

En outre, l'air qui se trouve dans les tuyaux avant l'admission de la vapeur doit être nécessairement expulsé par la vapeur même. Or, comme il ne se trouve point dans les appareils dont nous venons de faire mention des soupapes à air, la vapeur sera obligée de se mélanger avec lui.

Dans ce cas, il est avéré que la quantité de chaleur transmise diminue notablement, et tôt ou tard, il est indispensable que l'air soit entièrement expulsé de tout l'appareil.

En un mot, il est nécessaire que la vapeur chasse l'air facilement à son arrivée dans le tube, ce qui n'existe pas pour le cas que nous traitons.

Nous avons dit précédemment qu'il existait des robinets servant à intercepter l'entrée de la vapeur dans les appareils de chauffage, sans parler des dépenses onéreuses que cause ce genre de robinets. Cette fermeture présente, par elle-même, un grand inconvénient.

Si, par hasard, après avoir fermé un robinet par négligence on oubliait de l'ouvrir une fois que le wagon ne serait plus chauffé, il arriverait que l'eau de condensation restée, même en petite quantité, dans l'appareil de chauffage, venant à se congeler, pourrait faire éclater le tube de communication. Dans ce cas, ce même wagon, replacé dans le train, étant chauffé à nouveau dans l'ignorance où l'on serait de l'avarie, occasionnerait de graves désordres qui exigeraient qu'on le rejetât ou qu'on suspendît entièrement le chauffage de tout le train; car il n'est pas admissible que les voyageurs restent exposés aux fuites de la vapeur.

Ce mode de chauffage, en abandonnant à l'air extérieur l'eau de condensation à une haute température, présente évidemment une grande perte de combustible, qui peut, sans erreur, être évaluée à 18 0/0. Enfin, outre la difficulté d'alimenter suffisamment pour de grands parcours le réservoir d'eau, on expose la chaudière à s'encrasser facilement par les dépôts d'évaporation.

IV

VENTILATION DES WAGONS

Tous les inconvénients ci-dessus signalés dans les wagons augmentent en raison de l'absence d'une ventilation bien comprise. Les fenêtres et autres orifices pratiqués dans les parois du wagon servent aussi bien pour l'évacuation que pour l'entrée de l'air, et le plus souvent pour l'entrée, à cause du vent.

Cela met les voyageurs à la merci des intempéries des saisons, est et par conséquent directement opposé au but que doit atteindre un bon système de chauffage.

Il serait bien temps que cette lacune disparût pour tous les chemins de fer, même ceux des climats tempérés; d'autant plus que si les administrations reculent devant les dépenses à faire pour le chauffage, elles n'ont point d'excuse pour ne pas prendre de mesures de nature à améliorer la ventilation, et cela dans des conditions de prix de revient modiques.

Il suffirait que chaque compartiment fût muni d'un orifice d'évacuation au plafond, d'un registre et d'un tuyau au-dessus du toit, avec une mitre pouvant amener le tirage par le mouvement même du train.

Nos études anémométriques nous permettent de déterminer avec certitude les sections nécessaires de ces appareils : il faut compter par place de voyageur, pour des climats froids, 22, et pour les plus tempérés jusqu'à 28 centimètres carrés.

V

APPRÉCIATIONS GÉNÉRALES

Tous les appareils que nous venons de décrire sont donc plus ou moins éloignés du programme que nous avons indiqué ; quelques-uns ont le mérite de ne pas coûter très-cher comme frais d'installation première, mais s'ils n'ont que ce seul mérite, il serait plus avantageux, à notre avis, de ne pas les établir du tout.

Nous aurons l'occasion de prouver que des appareils de chauffage et de ventilation, intelligemment combinés, compensent largement les dépenses qu'ils ont exigées à leur installation, par les nombreux avantages que les Compagnies et les voyageurs en retirent.

D'après nous, il n'y a qu'un mode de chauffage qui pourrait suffire à toutes les exigences, c'est celui de la vapeur d'eau, car il a le mérite de fonctionner avec un petit nombre de foyers dans un train, et de pouvoir répandre la chaleur à de grandes distances.

VI

INSTALLATION DU CHAUFFAGE A VAPEUR EN RUSSIE

Détermination de la chaleur nécessaire pour entretenir la température constante dans le wagon. — C'est de l'année 1866 que datent nos premières études en Russie. Avant tout, il était indispensable de déterminer la quantité de chaleur nécessaire pour entretenir l'air du wagon à 10 ou 12° de chaleur, par un froid des plus rigoureux (— 38°, par exemple). Jusqu'alors, il n'y avait pas eu d'expériences faites : des formules indiquant la possibilité de déterminer la déperdition de la chaleur à travers les murs et les vitres ne pouvaient donner que des résultats approximatifs, puisqu'un wagon se trouve dans des conditions tout à fait exceptionnelles quand il est en mouvement. En effet, l'air pénètre à profusion par des fissures invisibles et constitue ainsi un élément qui échappe au calcul.

Le Ministre des voies et communications voulut bien, à cette époque, mettre à notre disposition, sur le chemin de fer Moscou-Koursk, plusieurs wagons de voyageurs, afin de nous permettre de faire nos études et d'établir, comme premier essai, le chauffage à la vapeur d'eau.

Un de ces wagons, à six roues, d'une longueur de 11 mètres, avec doubles fenêtres et doublé en drap, servit pour l'expérience.

Nous fîmes placer, à l'intérieur, des tuyaux en fer, d'un diamètre de 5 centimètres, et d'une longueur de 42 mètres, disposés par paire de chaque côté, et présentant une surface de chauffe de 8 mètres carrés.

Un générateur, placé en dehors, lançait la vapeur dans les tuyaux à la pression d'une atmosphère, et, à mesure que la vapeur se condensait, l'eau de condensation s'écoulait sous le wagon dans un récipient d'un volume déterminé.

Dans le wagon se trouvaient 48 thermomètres disposés convenablement : par le poids de la vapeur condensée dans une heure, on obtenait exactement la quantité de calories fournies, et l'on observait les effets produits.

Plusieurs expériences ont été faites à différentes températures, à partir de 0 jusqu'à 32° au-dessous.

Dans un wagon au repos, on a obtenu, par heure, 16 kilogrammes de vapeur d'eau condensée, ou l'équivalent de 8,640 calories, suffisant pour entretenir la température intérieure à 18° au-dessus de zéro, par un froid extérieur de — 32°. D'où il résulte que la déperdition de la chaleur du wagon est équivalente à 172 calories par heure et par 1° de différence.

Le wagon, dans les mêmes conditions, étant en mouvement, condensait la même quantité de vapeur, mais la température intérieure n'est arrivée maxima qu'à 12°. Donc, la différence de température étant de 44°, l'équivalent de la déperdition de chaleur est de 200 calories. Cet excédant de chaleur était employé à chauffer la grande quantité d'air qui pénétrait dans le wagon par le mouvement.

Ces résultats obtenus sont d'un très-grand intérêt :

1° Le surcroît de la déperdition de la chaleur, à raison de 28 calories par heure, et par 1° de différence de température, donne le moyen de calculer la ventilation naturelle du wagon pendant son mouvement, c'est-à-dire le volume d'air extérieur qui pénètre.

Il ne s'agit donc que de diviser 28 par 0,3 calorie, chaleur nécessaire pour élever de zéro à 1° la température de 1 mètre cube d'air. Ainsi, dans ce cas, cette ventilation peut être estimée à raison de 93 mètres cubes d'air à la température de zéro. Or, comme le wagon qui nous a servi d'expérience peut contenir 28 voyageurs, il en résulte que chacun obtient par heure un renouvellement d'air de 3,5 mètres cubes. Cette quantité d'air n'étant pas suffisante pour être considérée comme salubre, il est indispensable d'avoir des appareils provoquant une ventilation au moins deux fois aussi grande.

Dans toutes ces expériences, nous n'avons pas pris en considération la chaleur animale. Les 28 voyageurs en produisent en moyenne près de 1400 calories par heure. Cette chaleur est suffisante pour échauffer 104 mètres cubes d'air de 0 à 44°; nous voyons donc que le surcroît de ventilation que nous trouvons exigible ne demande pas un grand surcroît d'appareils de chauffage et ne change en rien les quantités de surface de chauffe qui ont servi pour nos expériences.

De tout ce qui précède, il résulte une donnée nouvelle, à savoir : que la quantité de la vapeur condensée, qui est ordinairement estimée à raison de 1 k. 7 par mètre carré de surface pour une différence de 85°, n'augmente pas en proportion directe de la différence des températures, mais va bien au-delà, soit 16 kil., au lieu de 13 kil. 65 que nous aurions dû obtenir en nous basant sur la donnée scientifique.

Ces expériences, qui ne pouvaient être faites que dans des climats très-froids et dans les conditions exceptionnelles où nous nous trouvions placé, font la base d'un travail tout spécial que nous nous proposons de publier plus tard, attendu que le cadre de cet opuscule ne permet pas d'entrer dans de trop longs développements scientifiques. Les résultats obtenus, dirons-nous seulement, donnent la possibilité de diminuer les surfaces de chauffe des appareils destinés à fonctionner par des froids excessifs.

VII

APPLICATION EN GRAND DES PRINCIPES OBTENUS PAR LES ÉTUDES PRÉCÉDENTES

Train impérial. — La première application en grand de notre système a été faite pour le train Impérial, spécialement construit, en 1868, au nombre de douze wagons destinés à SA MAJESTÉ L'EMPEREUR, SA MAJESTÉ L'IMPÉRATRICE, S. A. Impériale la Grande duchesse Marie, et aux Grands-Ducs; ainsi qu'à la suite impériale. Pour chaque paire de wagons, nous avons établi une petite chaudière à vapeur de 1^{m} 70 de haut sur un diamètre de 45 centimètres, pouvant produire jusqu'à 38 kilog. de vapeur par heure.

Ces chaudières verticales, éprouvées à quatre pressions d'atmosphère, la pression normale n'étant que d'une atmosphère et demie, étaient placées dans le wagon même, mais entièrement isolées, dans un petit compartiment dont la porte d'entrée donnait sur le balcon. Il va sans dire qu'elles étaient munies de manomètres, soupapes de sûreté, sifflets d'alarme, plaques fondantes et indicateurs d'eau.

Au moyen de deux robinets, la vapeur est lancée dans les tuyaux au fur et à mesure des besoins. Ces tuyaux en cuivre ont un diamètre de 5^{mm} et longent intérieurement, par paires, les parois du wagon près du plancher.

La vapeur condensée s'écoule par un tuyau qui se trouve sous le wagon et communique avec un réservoir ajusté au-dessous de la chaudière. Au moyen d'une pompe, cette même eau de condensation alimente la chaudière tout le temps du voyage, ce qui offre le grand avantage de ne pas employer, pour l'alimentation, de l'eau froide.

Les wagons sont reliés entre eux au moyen de tuyaux en caoutchouc vulcanisé.

Pour régler la température et la maintenir dans les limites de 18 à 20° centigrade, il y a, dans chaque wagon, un thermomètre avertisseur électro-magnétique, qui donne au chauffeur le signal de fermer ou d'ouvrir le robinet d'admission de la vapeur. Indépendamment de ce thermomètre, il y en a un autre à mercure, sur une planchette munie de deux boutons, au moyens desquels on peut augmenter ou diminuer la température à volonté.

Les tuyaux de chauffage étant masqués par un grillage en bronze doré, ce soubassement ne fait qu'ajouter à la beauté de la décoration du wagon, pour laquelle, il faut l'avouer, rien n'a été épargné. Grâce aux couloirs existant dans chaque wagon, et reliés entre eux par des passages couverts, le train ne forme pour ainsi dire qu'un vaste appartement.

Pour la ventilation, nous avons établi, dans le plafond, des rosaces en bronze, servant à l'évacuation de l'air vicié, au moyen de tuyaux qui se trouvent placés sur le toit du wagon ; malgré les doubles fenêtres et les portes bien calfeutrées, il entre assez d'air pour qu'on ait constaté, avec un anémomètre très-sensible, une évacuation de 4 volumes par heure, sans qu'on éprouve le désagrément des courants d'air. Cela du reste s'explique facilement : l'air froid qui pénètre en grande quantité dans les wagons par les orifices invisibles, étant plus dense, et par conséquent plus lourd, tombe et s'échauffe au contact des tuyaux, ce qui fait que la température du plancher ne diffère avec celle du plafond que tout au plus de 1° 5.

En été, pour garantir de l'excessive chaleur, on a établi des doubles toitures, peintes en blanc, avec interstices entre elles, pour éviter l'action des rayons du soleil ; quant à la ventilation, afin de rafraîchir la température des wagons, nous avons essayé l'été dernier, d'après les conseils de M. le général Morin, de placer dans le salon de S. M. l'Impératrice, deux appareils rafraîchissants, consistant en deux colonnes creuses en chêne sculpté. Chaque colonne communique par en bas avec l'air extérieur au moyen d'une prise d'air en forme d'entonnoir, placée sous le wagon dans la direction du mouvement du train, et fermée d'une double toile métallique très-fine.

Tant que la température extérieure ne dépasse pas 22° au-dessus de 0, l'air entrant par le bas de la colonne et sortant par les orifices établis sous le chapiteau, l'appareil présente un moyen très-efficace de ventilation en fournissant, par heure, plus de 3 volumes d'air frais d'une manière imperceptible. Pour rendre insensible l'arrivée de l'air frais, le chapiteau de la colonne est orné de fleurs pendantes.

Quand la chaleur extérieure augmente, pour rafraîchir l'air, on charge avec de la glace pilée et du chlorure de calcium cristallisé, en proportion de 4 et 3, un cylindre métallique d'un diamètre moindre que celui de la colonne, et qui se trouve fixé dans l'intérieur.

Dans ce cas, toutes les fenêtres étant fermées, on a le moyen d'abaisser la température de 6° au-dessous de la chaleur extérieure. On pourrait même obtenir une fraîcheur plus grande en modifiant la composition du mélange réfrigérant et en donnant de plus grandes dimensions à l'appareil; mais, dans ce cas, l'humidité de l'air augmente dans le wagon au point que le séjour devient désagréable, surtout en présence d'une trop grande différence entre les températures intérieure et extérieure.

Ce nouveau moyen de rafraîchir les wagons est certainement un progrès, mais il n'est pas à présumer qu'il puisse être appliqué sur une grande échelle à cause des dépenses d'installation, des difficultés du service et des pertes de place qu'exigeraient les appareils. Toutefois, pour obvier au dernier inconvénient, l'appareil rafraîchissant pourrait être ajusté sous le wagon.

La meilleure preuve que le système, employé par nous pour le wagon impérial, est reconnu entièrement parfait, c'est que plusieurs voyages ont été entrepris, soit l'hiver, soit l'été, dans les conditions les plus pénibles comme température, et que chaque fois LEURS MAJESTÉS nous ont témoigné leur entière satisfaction.

L'année 1870, SA MAJESTÉ L'IMPÉRATRICE, de retour de son voyage en Crimée, au commencement du mois de décembre, est arrivée à Moscou par un froid de 32°, et pendant le voyage, dans tous les wagons, la température s'était maintenue de 19 à 21° au-dessus de zéro.

Application aux trains de voyageurs. — A la suite de ces premiers essais, couronnés d'un plein succès, nous avons obtenu l'installation du chauffage à la vapeur d'eau dans les 317 wagons du chemin de Moscou-Koursk, sur une étendue de 612 kilomètres.

Il faut rendre cette justice à M. le directeur du chemin de fer de Koursk, l'ingénieur Klevetzky, que l'application de notre système en grand n'a pas tardé d'avoir lieu.

Autorisé par M. le comte Bobrinski, Ministre des voies et communications, à établir immédiatement le chauffage et la ventilation les plus rationnels dans tous les wagons de la ligne de Koursk, afin de servir d'exemple aux autres administrations de chemins de fer, M. Klevetzki ne s'est pas borné à des demi-mesures et n'a pas reculé devant une dépense assez considérable, mais nécessaire pour l'installation.

Nous ne perdons pas l'espoir que les autres directeurs de chemins de fer, cherchant en tout le progrès, ne suivent cet exemple.

En effet, déjà, sur les instances du directeur du chemin de fer Nicolas, l'ingénieur König, nous avons établi le chauffage et la ventilation dans les trains-poste; de même le président de l'administration du chemin de fer Koursk-Kieff, M. Von-Derwiz, a fait employer notre système pour les deux premières classes de cette ligne. En outre, des applications pour un moins grand nombre de wagons ont été faites sur le chemin de fer de Moscou-Ioraslaff et celui de Moscou-Riazane.

Enfin, il y a trois ans, nous avons eu l'honneur de présenter deux wagons-modèles du chemin de fer Nicolas à M. le Ministre de la guerre, Aide de camp général Milutine. Son Excellence, en nous témoignant sa satisfaction, a bien voulu déclarer que notre système de chauffage, employé dans toutes les classes, lui paraissait offrir de très-grands avantages pour le transport des troupes.

VIII

DESCRIPTION DU SYSTÈME APPLIQUÉ AUX TRAINS DE VOYAGEURS EN RUSSIE

Prise de la vapeur. — Le principe du système pour les trains de voyageurs est le même que celui qui est employé dans le train impérial. Vouloir chercher les moyens de supprimer les chaudières spéciales pour se servir de la vapeur de la locomotive n'est pas chose possible; d'abord les locomotives manquent souvent de vapeur, surtout quand il faut monter les rampes; de plus, ce serait l'occasion pour le mécanicien de se justifier des inexactitudes de son service, en prétextant qu'il est dérangé par le chauffage.

Il faudrait, en outre, disposer la prise de vapeur, non-seulement pour les locomotives à voyageurs, mais encore pour celles des trains de marchandises, car il arrive souvent qu'elles sont employées pour les voyageurs.

Ordinairement la locomotive est accouplée quelques minutes avant le départ des trains, ceux-ci ne pouvant être chauffés qu'en se mettant en route; c'est là un grave inconvénient.

Entre la locomotive et le train sont placés plusieurs wagons à bagages qui devraient nécessairement être arrangés de manière à pouvoir transmettre la vapeur; or, celle-ci, dans sa course, ne manquerait pas de perdre inutilement beaucoup de chaleur.

Pour les trains composés d'un très-grand nombre de wagons, les derniers ne recevraient pas assez de vapeur, et il serait difficile d'obtenir une chaleur uniforme.

D'après toutes ces considérations, il n'est pas douteux que le système des chaudières spéciales ne soit de tous le plus avantageux.

Chaudières à vapeur. — Les dimensions de ces chaudières dépendent du nombre de wagons qu'on désire chauffer, ainsi que du maximum de différence des températures intérieure et extérieure, et de la construction même des parois des wagons.

En outre, ces dimensions sont subordonnées à une certaine limite, les chaudières devant être placées dans les wagons mêmes des voyageurs, dans des compartiments établis à cet effet.

Il y aurait certainement avantage à les faire aussi productives que possible, de manière à pouvoir, avec une seule chaudière, alimenter tout le train. Mais, en ce cas, le poids de la chaudière fatiguerait les ressorts du wagon, exigerait beaucoup de place, et, au lieu d'être dans un wagon de voyageurs, cette chaudière devrait être installée dans un compartiment séparé, dans le wagon à bagages. Elle présenterait, en outre, l'inconvénient, étant à la tête du train, de ne lancer de la vapeur que dans une seule direction et à une trop grande distance pour pouvoir ramener à la chaudière l'eau de condensation. Or, nous avons reconnu ce principe comme très-avantageux pour des chauffages qui doivent fonctionner pendant les froids très-rigoureux et pour de grands parcours.

Prenant en considération qu'un wagon américain à six roues, par heure et par 32° de froid, exige une condensation de 16 kilogrammes, et qu'un mètre carré de surface vaporise jusqu'à 25 kilogrammes d'eau, les chaudières du chemin de fer Moscou-Koursk ont été construites de $1^m,70$ de hauteur sur un diamètre de $0^m,60$, avec une surface de chauffe tubulaire de $2^m,52$, afin de pouvoir desservir de 4 à 8 wagons, selon la température extérieure.

Nous n'entrons pas ici dans la description détaillée de ces chaudières; cela constitue un élément déjà trop connu, ces appareils n'ayant rien de particulier. Toutefois, il est important que l'on puisse vider complétement l'eau qu'elles contiennent, et c'est pourquoi le système Field, si avantageux comme production de vapeur, n'a pu être utilisé.

Alimentation de la chaudière. — Nous avons préféré alimenter la chaudière par l'eau de condensation, qui se trouve amenée, des deux côtés, par un tuyau spécial passant sous les wagons, dans un récipient cylindrique de la hauteur de 25 centimètres sur 40 centimètres de diamètre et placé sous la chaudière. Ce condensateur est muni en bas d'un robinet de vidange et communique par en haut, au moyen d'un tube en cuivre de 2 centimètres de diamètre, avec une pompe placée près de la chaudière.

Cette pompe, mue à la main, peut être de différents systèmes, pourvu qu'elle ne laisse pas de dépôt d'eau lorsque l'appareil a cessé de fonctionner, et qu'elle puisse à volonté pomper l'eau de condensation, ou alimenter la chaudière par l'eau fraîche du dehors.

Il est très-important de pouvoir remplir la chaudière aussi vite que possible, surtout par les grands froids. Les pompes dont nous nous servons remplissent la chaudière en dix minutes.

Du haut du condensateur monte un tube de 15^{mm}, qui débouche dans le wagon, près de la chaudière, en entonnoir muni d'un robinet.

Cette partie de l'appareil est très-importante, et même indispensable.

En commençant à chauffer, la vapeur, entrant dans les tuyaux, chasse l'air, qui sort par ledit entonnoir.

Pendant le chauffage, le robinet est fermé; en l'ouvrant de temps à autre, il sert à s'assurer si la vapeur remplit tout le circuit.

Par les grands froids, cette opération est indispensable, sans quoi on courrait le risque que, par la négligence du chauffeur, les tuyaux d'en bas ne vinssent à geler. En outre, par ce même entonnoir, il y a moyen d'ajouter de petites quantités d'eau, pour remplacer les pertes de vapeur qui pourraient se produire dans les manchons des articulations en caoutchouc.

Enfin, un troisième tuyau part du condensateur et va à la chaudière directement; par les grands froids, on commence le chauffage en lançant la vapeur dans le condensateur, afin de réchauffer promptement les tuyaux qui se trouvent sous les wagons.

Tuyaux de chauffage. — La surface de chauffe à établir dans un wagon dépend du nombre maximum de kilogrammes de vapeur à condenser par heure, en prenant pour base que 1 mètre carré de surface condense, non pas 1^{k},7 par heure, mais 2 kilog., comme nous l'avons indiqué précédemment.

Aussi avons-nous établi dans chaque wagon de 1re et de 2e classe une paire de tuyaux de 5 centimètres de diamètre et, pour les 3e classe, de 4 centimètres, de chaque côté du wagon, dans toute la longueur, près du plancher, et masqués par des grillages métalliques entre les banquettes.

La vapeur de la chaudière est répandue dans tous les wagons, à droite et à gauche, au moyen de tuyaux d'un diamètre de 2,5 centimètres.

Ces tuyaux sont ajustés sur le toit du wagon,

enveloppés de double feutre et dans une caisse en bois. Ils communiquent entre eux au moyen d'articulations en caoutchouc vulcanisé. Ils peuvent être aussi placés dans l'intérieur du wagon, et seulement entourés de gros drap.

La vapeur, au moyen d'un tuyau de 1,3 centimètres, pénètre dans les tuyaux de chauffage par chaque bout du wagon. Des robinets servent à en régler la quantité.

A partir de l'endroit de l'admission, le tuyau de chauffage longe la paroi avec une pente jusqu'à l'autre extrémité du wagon; là, il est terminé par un coude en cuivre du quel part un nouveau tuyau avec une pente en sens contraire et de la même longueur.

Ce tuyau se raccorde avec celui qui se trouve sous le véhicule par un tube de 1,7 cent. de diamètre.

De cette manière, l'air est facilement expulsé, et l'eau de condensation s'écoule dans la même direction que la vapeur.

L'expérience nous a prouvé que, pour des wagons américains d'une grande longueur et par de très-grands froids, il est préférable de faire entrer la vapeur par un bout du wagon et de laisser sortir l'eau de condensation par l'autre. Dans ce cas, la paire de tuyaux se trouve remplacée par un seul tuyau d'un diamètre plus fort.

L'admission de la vapeur est préférable par chaque bout du wagon pour obtenir une température plus égale. Elle donne le moyen, en cas de besoin, de ne chauffer qu'un côté du wagon et en même temps préserve de la gelée, avec plus de sécurité, les tuyaux d'en bas.

Pour garantir du froid les tuyaux qui distribuent la vapeur, on les enveloppe de feutre.

Articulations en caoutchouc. — De prime abord il paraît que les articulations en caoutchouc servant à relier les deux tuyaux d'un wagon à l'autre ne présentent pas assez de solidité; elles inspirent le doute, même aux personnes compétentes. Or, l'expérience de plusieurs années a prouvé que, si les tuyaux ont une longueur égale au plus grand écartement entre les wagons, s'ils sont faits de caoutchouc vulcanisé de bonne qualité, et composés de quatre couches de toiles superposées, ces tuyaux sont très-durables et peuvent résister à une pression de deux atmosphères.

Cette pression, du reste, ne se manifeste jamais, parce que la vapeur, en sortant de la chaudière même avec cette pression de deux atmosphères, perd de sa tension en passant par des tuyaux d'un plus grand diamètre. De plus, ces tuyaux se vissent et se dévissent très-facilement et ne présentent aucune difficulté pour l'accouplement des wagons dans la composition d'un train.

Aux extrémités d'un groupe de wagons desservis par une chaudière, l'articulation en caoutchouc est remplacée par une capsule en cuivre à vis.

4

IX

APPAREILS DE CHAUFFAGE A VAPEUR APPROPRIÉS AUX WAGONS A COMPARTIMENTS.

Les appareils dont nous venons de donner la description ne peuvent pas être appliqués pour les wagons à compartiments multiples avec portes latérales. Cependant, pénétré de l'idée que le principe du chauffage à vapeur finira par être adopté dans toute l'Europe, où les wagons sont presque tous ainsi construits, nous avons élaboré un projet de chauffage pneumatique à la vapeur d'eau, approprié spécialement à ce genre de wagons.

Pour ne pas entrer dans de trop grands détails sur l'installation de cet appareil, nous donnons ci-dessous l'extrait du Mémoire qui nous a servi pour la demande de brevet dans les différents pays de l'Europe.

MÉMOIRE DESCRIPTIF

DÉPOSÉ A L'APPUI DE LA DEMANDE D'UN BREVET D'INVENTION DE 15 ANS

POUR UN

APPAREIL PNEUMATIQUE ET A VENTILATION
DES WAGONS DE VOYAGEURS

PAR

Le Baron N. de DERSCHAU

INGÉNIEUR EN RUSSIE

EXPOSÉ :

Mon invention consiste dans un appareil particulier destiné au chauffage et à la ventilation des voyageurs sur les chemins de fer. Par la disposition que j'ai adoptée, l'air extérieur, qui pénètre dans l'appareil par des tuyaux disposés à sa partie inférieure et affectant la forme de manche à vent, est chauffé à l'aide de tuyaux de vapeur; après avoir traversé le compartiment de manière que les voyageurs ne sentent pas le courant qui, d'ailleurs, est soumis à un réglage convenable, cet air s'échappe par un ventilateur ménagé dans le plancher haut du wagon, en y entretenant ainsi une température constante.

Pour arriver au but que je me suis proposé, j'ai disposé au-dessous du wagon et dans toute sa longueur une gaine en bois, ou autre matière, enveloppée de substances isolantes pour empêcher les pertes par refroidissement. Cette gaîne porte, en son milieu, une caisse en fonte, divisée en deux compartiment inégaux par un cloison horizontale. Le compartiment supérieur, qui est le plus petit, reçoit la vapeur d'un tuyau communiquant avec une chaudière placée dans le train, et la distribue dans une série de tubes qui parcourent la gaîne, en y échauffant l'air, puis viennent déboucher dans le compartiment inférieur pour y écouler leur eau de condensation.

Le dessous de la gaîne communique avec l'atmosphère par des tubulures coudées en forme de manches à vent placées sur sa paroi inférieure, et le dessus, avec chacun des compartiments du wagon par d'autres tubulures terminées par des conduits horizontaux situés sous les banquettes et percés de trous.

Dans ces conditions, l'air s'échauffe dans la gaîne au contact des tuyaux de vapeur, puis pénètre dans les compartiments du wagon. Son évacuation se fait ensuite à la partie supérieure par des mitres à dôme de Volpert ou autres.

Par ce procédé, je réalise à la fois le chauffage et la ventilation des compartiments de voyageurs, en me basant sur le calcul pour déterminer le nombre et les dimensions des tuyaux d'après la quantité maxima de chaleur qu'ils doivent fournir en une heure, étant admis que le mètre carré de surface, pour une différence de 85° centigrade, condense 1 kilog. 8 de vapeur, en abandonnant 980 calories.

Par la présente demande de brevet d'invention, je désire m'assurer la propriété exclusive du système dont je viens d'énoncer le principe et dont je développe les dispositions dans la description qu'on lira ci-dessous, cette propriété reposant sur :

1° Le chauffage des wagons à l'aide d'un circuit de tuyaux de vapeur élevant la température de l'air contenu dans une gaîne où il se renouvelle constamment, pour pénétrer dans les espaces à chauffer, quand sa température est suffisante, et faire place à de l'air frais emmagasiné à l'aide de manches à vent.

2° La ventilation des mêmes wagons, en évacuant l'air admis dans les compartiments par des appareils convenables situés dans le plancher supérieur.

Je ferai remarquer en outre, et je revendique également cette particularité, que le chauffage cessant, l'appareil est encore propre à la ventilation en admettant l'air par les manches à vent situées sur la gaîne de chauffage, et en l'évacuant par les mitres ou autres appareils d'évacuation placés sur le toit du véhicule.

Description

La figure 1re du dessin ci-joint, pl. I est une section longitudinale du wagon montrant les positions relatives des pièces de chauffage et de ventilation.

La figure 2 est une coupe transversale tendant au même but.

La figure 3 est une élévation extérieure à échelle réduite d'un train muni de mon système de chauffage et de ventilation. Elle fait voir la position du générateur de vapeur dans un wagon spécial situé au milieu du train, ainsi que les jonctions des tuyaux distributeurs de vapeur à chaque wagon.

L'appareil de chauffage consiste dans une caisse en bois *a* au-dessous du wagon. Les dimensions de cette caisse dépendent du nombre des coupés et de celui des tuyaux de chauffage.

Pour éviter toute perte de chaleur, la caisse *a* est revêtue extérieurement de feutre épais. Elle est en outre doublée, à l'intérieur comme à l'extérieur, d'une mince feuille de métal. Les tuyaux *b* de chauffage, en fer, de trois centimètres environ de diamètre, s'ouvrent dans le réservoir en fonte *cc'* partagé par une cloison horizontale en deux compartiments d'inégale grandeur, dont le plus petit, *c*, sert de réservoir de vapeur. De chaque côté se trouvent quatre tuyaux de chauffage *b* qui, partant du compartiment supérieur *c*, circulent à droite et à gauche dans toute la longueur de la caisse *a*, s'infléchissent ensuite et reviennent dans le compartiment inférieur *c'* du réservoir central.

La vapeur est amenée d'une chaudière séparée, qui se trouve au milieu du train dans un wagon conducteur (voir figure 3). Le tuyau de vapeur *d*, qui part de la chaudière, a environ quatre centimètres de diamètre, et est muni, de chaque côté de la chaudière, d'un robinet de fermeture. Ce tuyau de vapeur est fixé au-dessous de tous les wagons, et la communication d'un wagon à l'autre est obtenue au moyen d'un tuyau *o* en caoutchouc vulcanisé, de même diamètre que le premier, et qui est vissé de manière à ce que l'eau ne puisse y séjourner. A l'extrémité de chaque wagon, le tuyau est muni d'une soupape destinée à laisser échapper l'eau de condensation.

A chaque wagon, la vapeur amenée par le tuyau de conduite se répand dans l'appareil de chauffage en traversant un robinet de fermeture *f*, aisément accessible à l'aide de la poignée, et qui peut être plus ou moins ouvert, suivant que le wagon est plus ou moins éloigné de la chaudière. Le réglage de l'accès de la vapeur s'effectue, une fois pour toutes, au départ du train.

La vapeur se condense après avoir parcouru chaque tuyau de chauffage, et l'eau de condensation s'accumule dans le compartiment inférieur *c'* du réservoir, d'où elle s'écoule au dehors en traversant un robinet *e* qui peut être, à volonté, plus ou moins ouvert.

Pour produire la circulation de l'air dans l'appareil de chauffage, on a, au milieu de chaque compartiment, adapté à la caisse de chauffage de l'air un tuyau *h* muni en dessous d'un entonnoir *g*, qui doit toujours être orienté dans la direction du mouvement du train. Cet entonnoir est muni d'une toile mécanique ou tôle percée de trous destinée à empêcher l'entrée du sable ou autre matière analogue. L'air froid du dehors afflue par cet entonnoir *g* dans la caisse *a*, et, sous l'influence des tuyaux de chauffage *b*, sa température s'élève à un degré qui dépend des causes de refroidissement dans le wagon et du volume de l'air nécessaire à la ventilation. Au cas particulier, j'admets que, pour une température extérieure de — 20° centigrade, et une température intérieure du coupé de 10° centigrade, au-dessus de zéro dans le compartiment du milieu, la chambre à air doit fournir par heure 66 mètres cubes d'air du dehors chauffé à 40° centigrade. L'air ainsi échauffé traverse alors le tuyau *h*, et pénètre dans l'intérieur par le tuyau de conduite *i* ménagé sous chaque siége. Les dimensions du tuyau d'arrivée *i* sont calculées de manière que la vitesse du courant d'air qui le traverse ne dépasse pas un mètre par seconde. Pour dérober complétement aux voyageurs la sensation du courant d'air chaud d'arrivée, on peut disposer sous les siéges des caisses de fer-blanc percées de trous dont le diamètre s'accroît avec leur éloignement du milieu. Le nombre et les dimensions des trous sont calculés de façon que la vitesse du courant d'arrivée ne dépasse en aucun cas trois dixièmes de mètre par seconde.

La caisse *a* peut être divisée, par des cloisons verticales, en tronçons desservant isolément chaque compartiment.

Ceux-ci portent en haut, dans leur plancher supérieur, un ou deux ventilateurs d'évacuation *k*, dont la section transversale est la somme des pareilles sections des deux tuyaux d'arrivée de l'air *i*. Le courant d'air est déterminé par un tuyau s'élevant au-dessus de la toiture, et muni d'un dôme de Volpert par exemple. Un registre horizontal *l*, placé dans le wagon, règle l'action du ventilateur. De semblables registres, adaptés aux tuyaux d'arrivée, permettent aussi de régler l'accès de l'air chaud.

Pour la constatation de la température, qui doit être de 10 à 12° centigrade, chaque compartiment doit être muni d'un thermomètre.

Cet appareil, appliqué aux wagons-coupés, est le plus accompli de tous ceux qui ont été proposés jusqu'à ce jour, et il est incomparablement supérieur à tous les systèmes déjà mis en œuvre. Il satisfait aux exigences les plus rigoureuses, et est de beaucoup préférable aux appareils à vapeur avec surface de chauffe directe et sans ventilation.

Ses principaux avantages sont les suivants :

1° La vapeur qui arrive agit sur l'eau de condensation de manière à en faciliter l'écoulement. De plus, cet appareil bannit les dépôts d'eau, et par les temps les plus froids l'eau ne peut geler dans les tuyaux; en outre, et ceci est d'une importance particulière, il évite les secousses et le bruit qui se produisent quand la vapeur se trouve en contact avec l'eau froide de la condensation.

2° Lorsque l'appareil commence à fonctionner, l'air est aisément chassé de tous les tuyaux, sans que l'on ait besoin de soupapes à air.

3° L'appareil à vapeur se trouve totalement au dehors des wagons; si donc il se manifestait accidentellement des fuites dans les tuyaux à vapeur, il serait possible, en fermant la chambre à air, d'interdire à la vapeur tout accès dans les compartiments.

4° L'appareil ventile les wagons avec de l'air chaud dans la proportion de huit volumes environ par heure, et, grâce à la masse considérable de l'air chaud introduit, l'introduction par les fenêtres est réduite au minimum.

5° Le réglage de la température s'effectue beaucoup plus facilement que le réglage de la vapeur dans l'appareil à surface de chauffe directe, avec lequel il peut arriver fréquemment qu'une soupape fermée par négligence se gèle par un froid vif.

6° Le même appareil, par un temps chaud, lorsque le chauffage devient inutile, peut servir d'appareil de ventilation, sans qu'il soit nécessaire d'ouvrir les fenêtres.

Résumé

En résumé, ayant ainsi décrit mon invention, je désire constituer ma propriété industrielle de la manière suivante :

1° Le chauffage et la ventilation des compartiments de voyageurs dans les chemins de fer à l'aide d'un courant d'air traversant une chambre où sa température s'élève, puis pénétrant dans l'intérieur desdits compartiments par le plancher inférieur, sous les siéges des voyageurs, sans se rendre sensible à ceux-ci, et, enfin, sortant par la toiture ;

2° L'échauffement de ce courant d'air à l'aide de tuyaux de vapeur formant circuit dans la chambre et s'ouvrant dans un réservoir partagé en deux compartiments inégaux par une cloison ; le compartiment supérieur sert à distribuer la vapeur dans le circuit, tandis que le compartiment inférieur reçoit l'eau de condensation qui en provient.

3° Le chauffage et la ventilation simultanés des wagons de chemins de fer par la combinaison d'appareils ayant pour fonction l'introduction et l'extraction de l'air, consistant en :

L'entonnoir ou manche à vent *g*, le tuyau *h*, la caisse de chauffage *a*, les tuyaux d'introduction *i*, le ventilateur *k*, et les registres *l* et *m* ;

Puis avec d'autres appareils pour le chauffage par la vapeur consistant en :

Le tuyau *d* d'arrivée de vapeur, le tuyau souple en caoutchouc *o*, les réservoirs *c* et *c'*, les tuyaux coudés *b*, et les robinets de fermeture *e* et *f*.

Le tout conforme à la description précédente ou modifié suivant les besoins et les applications.

RÉSUMÉ

DU

PROTOCOLE DES EXPÉRIENCES FAITES SUR L'APPAREIL DE CHAUFFAGE ET DE VENTILATION DES WAGONS

D'APRÈS LE SYSTÈME DE

L'Ingénieur baron de DERSCHAU

Chemin de fer du Sud.— Vienne-Trieste (Autriche).

Un wagon de quatre coupés, dont trois à deux banquettes, l'autre garni d'une seule banquette, a reçu l'installation de l'appareil.

La vapeur est prise directement de la locomotive, au moyen d'un appareil intermittent, qui permet de la faire arriver avec une pression d'une atmosphère et demie.

Cette expérience se faisait les 6 et 7 octobre 1871.

Elle se composait de deux parties distinctes :

1° Le wagon étant au repos;

2° Le wagon en mouvement avec une vitesse de 40 kilommètres à l'heure.

Dans chaque coupé étaient placés deux thermomètres, l'un près du plafond, l'autre près du plancher inférieur du wagon.

Sous les banquettes deux autres thermomètres devaient indiquer la température de l'air chaud à sa sortie de l'appareil. Pour mesurer la vitesse de l'air, deux anémomètres, l'un de Combes et l'autre de Casella, d'une construction toute nouvelle.

Les observations thermométriques étaient constatées par les employés du chemin de fer, de dix en dix minutes; les observations anémométriques étaient faites par le docteur professeur Böhm (1).

Pour s'assurer du maximum de l'effet de l'appareil, la vapeur a été constamment lancée dans les tuyaux de chauffage. De cette façon, on a obtenu :

Le wagon au repos:

Température de l'air sortant de l'appareil sous la banquette, 62° centigrade;

Vitesse de l'air dans le tube principal, 65 centimètres par seconde, ce qui correspond à un renouvellement d'air de six volumes par heure;

Vitesse, à sa sortie sous la banquette, 2 décimètres;

Température de l'air dans les coupés, 29° centigrade.

Wagons en mouvement, de Vienne à la station de Veslauer :

(1) Le docteur Bohm est le créateur de la fameuse ventilation du théâtre de l'Opéra, à Vienne, et de l'hôpital Rudolf.

Température de l'air débouchant par le tuyau de chauffage, 65° centigrade;

Celle de l'air dans les coupés, 33°;

Les observations anémométriques constatent dans le tuyau principal de l'air chaud, ainsi que dans le tuyau d'évacuation, une vitesse de $1^{m},9$ par seconde, ce qui correspond à un renouvellement d'air de 16 volumes par heure.

Pendant les deux expériences la température extérieure était de 8° centigrade au-dessus de zéro.

Dans les coupés où les banquettes n'étaient pas enlevées, la température s'est maintenue égale en haut et en bas du wagon, et, malgré la chaleur excessive, les personnes enfermées dans le wagon ne furent point incommodées et ne cessèrent de respirer facilement, ce qui s'explique par la puissante ventilation dont nous venons de parler, se produisant au moyen des orifices placés au plafond.

Conclusion du protocole

Il résulte de ces expériences que le système de chauffage et ventilation installé par le baron de Derschau est sans contredit supérieur à tous ceux qui ont été proposés jusqu'à présent.

Les avantages principaux sont :

1° Moyen sûr d'entretenir une température intérieure d'au moins 10° au-dessus de zéro, par un froid extérieur de 20° au-dessous de zéro;

2° Chauffage combiné avec une puissante ventilation;

3° Facilité de régler à volonté le degré de la température et le degré de la ventilation;

4° Construction d'appareils tels que l'écoulement des eaux

se fait aisément et qu'aucun dépôt des eaux de condensation n'est à craindre;

3° Solidité de construction, prix peu élevé d'établissement, surtout si on le compare aux résultats obtenus;

6° Enfin sécurité complète pour les voyageurs, en raison des précautions prises pour interrompre toute communication entre l'appareil et les coupés, dans le cas ou une fuite se produirait dans les tuyaux.

Signé : professeur docteur **BOHM,**

Le chef des ateliers de la Compagnie du Sud, **HARDY.**

J. WEILER.

X

SERVICE DES APPAREILS DE CHAUFFAGE AVEC RETOUR DE L'EAU DE CONDENSATION.

Malgré toute la perfection de l'installation, le succès complet dépend en grande partie du soin et de l'attention apportés par les agents chargés de ce service.

Il est nécessaire qu'à chaque chaudière il y ait un chauffeur sobre et intelligent pour comprendre l'importance de son devoir. Il doit strictement remplir les instructions données à ce sujet. Ces instructions consistent principalement :

1° Tenir la chaudière et tout l'appareil en bon ordre et en état de propreté.

2° Avoir les instruments nécessaires pour réparer les petits dégâts qui pourraient se présenter en route et ne jamais se mettre en voyage avant de s'assurer que tout est en parfait état.

3° Alimenter la chaudière toutes les fois que le niveau d'eau, dans l'indicateur, descend au tiers de sa hauteur.

4° Ne jamais laisser monter la pression dans la chaudière au delà de 2 atmosphères; veiller à ce que la soupape de sûreté fonctionne régulièrement et ne soit gênée par aucune espèce d'obstacle.

5° Diriger la combustion d'une manière régulière. Pour augmenter l'intensité du foyer, ouvrir en entier la porte du cendrier, et pour la diminuer, ouvrir la porte du foyer et fermer la porte du cendrier.

6° Ne jamais charger trop le foyer, et ne jamais le laisser sans combustible.

7° Ouvrir les robinets de la chaudière peu à peu, sans précipitation, pour éviter l'entraînement de l'eau par la vapeur. Les ouvrir au fur et à mesure des besoins, et à tour de rôle; excepté par les plus grands froids, où il faut les ouvrir tous les deux ensemble, ce qui est indispensable pour que la vapeur puisse constamment circuler dans les tuyaux.

En lançant la vapeur dans une direction, ne pas fermer le robinet avant de s'assurer, par le moyen de l'entonnoir, que la vapeur est arrivée dans le condensateur; laisser ainsi le robinet ouvert, de 5 à 20 minutes, suivant le froid extérieur.

Lancer la vapeur en variant constamment la direction.

Il est difficile d'établir une instruction détaillée et immuable à ce sujet, car, outre le froid, l'intensité du vent et sa direction jouent un très-grand rôle dans l'abaissement de la température dans les wagons. Il suffit, du reste, pour un chauffeur intelligent, de faire quelques voyages pour acquérir la pratique nécessaire.

8° Tous les quinze jours, la cheminée, ainsi que les tuyaux de conduite de fumée de la chaudière, doivent être débarrassés de la suie qui a dû s'y former.

9° Quand un train arrive et doit séjourner dans une gare moins de douze heures, il est plus avantageux, surtout par de très-grands froids, de ne pas suspendre le chauffage et d'entretenir la température des wagons à 1 ou 2° au-dessus de zéro.

Si l'on voulait suspendre entièrement le chauffage, dans la prévision de le reprendre dans quelques heures, il est de la plus haute importance, après avoir dévissé les articulations en caoutchouc des tuyaux du bas, de lancer de la vapeur sèche à la pression de deux atmosphères afin de purger les conduites de toute l'eau de condensation.

Autrement il pourrait arriver que les dépôts d'eau, une fois congelés, empêchassent ensuite l'action du chauffage; il y aurait aussi danger de voir des tuyaux éclater.

En se conformant à cette instruction, on peut être certain que jamais il ne peut arriver de dérangement dans le système.

Toutefois, si le train reste quelques heures sans être

chauffé, il faut entretenir un petit feu dans les foyers, afin que l'eau ne gèle pas dans les chaudières.

Par cette mesure, on évite l'embarras de remplir les chaudières avec de l'eau froide pendant les fortes gelées.

Il est bien entendu que le robinet de vidange du condensateur doit rester ouvert pendant la purge des conduits.

10° Pendant le trajet, il faut avoir un homme spécialement chargé de surveiller la température des wagons au moyen de thermomètres suspendus dans chaque compartiment, et de veiller à ce que les ventilateurs soient ouverts, si le vagon est plein de voyageurs.

Ce même agent est nécessaire pour remplacer le chauffeur dans le cas où celui-ci se trouverait malade. Il doit aussi le surveiller, afin de voir s'il fait exactement son service, et s'il est approvisionné de combustible. Pour cet emploi, il nous paraît très-rationnel de désigner un des conducteurs du train.

11° Sous aucun prétexte, le chauffeur ne doit quitter la chaudière, à moins d'avoir prévenu le surveillant, et en ce cas, la porte du foyer doit rester ouverte ainsi que le robinet de la chaudière.

12° La température des wagons ne doit, dans aucun cas, être portée au delà des limites imposées par l'administration, lors même que les voyageurs en feraient la demande.

13° Le service du chauffage est confié au conducteur en chef du train et reste sous sa responsabilité.

14° Les chefs des gares où le train s'arrête pour plusieurs minutes sont obligés de contrôler l'état de la température des wagons, ainsi que l'ordre du service de chauffage.

Service des wagons chauffés par des appareils pneumatiques à vapeur. — Tout ce que nous venons de dire pour le service du précédent appareil peut être appliqué à celui-ci, excepté le service de la pompe qui devient inutile, l'eau de condensation étant abandonnée à l'air extérieur sous chaque wagon.

Il est donc urgent que les robinets soient constamment assez ouverts pour laisser l'eau s'écouler librement. De plus, les wagons ne communiquant pas entre eux, le contrôle de la température doit se faire par les voyageurs eux-mêmes, ce qu'ils feront du reste très-facilement au moyen de registres d'accès d'air chaud disposés à leur portée, ainsi que de ceux établis au plafond pour l'évacuation de l'air vicié.

Combustibles.

La bonne qualité du combustible est un des éléments les plus importants pour arriver à des résultats satisfaisants.

Les chaudières peuvent être chauffées par des combustibles de différente nature : charbon de bois mêlé de coke, bois de toutes espèces et même charbon de terre, selon les prix de revient locaux.

Mais il faut donner la préférence au bois, pourvu qu'il soit complétement sec et coupé à une longueur de 15 centimètres sur une épaisseur de 8 centimètres.

Le grand avantage de ce combustible consiste dans la propreté, et dans la facilité du transport.

Quant au charbon de bois, même dans les pays boisés, son prix élevé en empêche l'application.

Dans tous les cas, en employant ce charbon, il est absolument utile, pour donner plus de constance aux foyers, d'y mêler un peu de coke.

Le charbon de terre, dans le pays où il est en profusion, est certainement le combustible le plus avantageux.

La quantité de combustible employée par heure et par chaudière dépend de la température extérieure.

Les moyennes que nous avons obtenues, d'après les expériences de plusieurs années, donnent pour résultats que : 1 kilog. de charbon de bois produit par heure près de 5 kilog. 8 de vapeur d'eau ; le bois, 2 kilog. 6, et les houilles de bonne qualité, 4 kilogrammes 9.

Ainsi, un groupe composé de 8 wagons américains,

pour une différence de 20° de température, dépensant 52 kilog. 2 de vapeur condensée, exige pour les produire 8 kilog. 8 de charbon, 20 kilog. de bois ou 10 kilog. 5 de houille.

Dépenses d'installation et d'entretien.

La dépense des installations par wagon diminue en raison inverse de leur nombre.

La saison de l'année pendant laquelle s'exécutent les travaux n'a pas moins d'influence sur la question.

Pour des wagons en construction dans les usines, une partie des appareils destinés à la ventilation peut être imposée aux constructeurs, sans être pour cela une cause d'augmentation dans les prix de revient du wagon.

Comparativement aux chaufferettes, poêles, bouillottes, et en général à tous les appareils avec lesquels on cherche à contenter inutilement le public, il faut avouer que le chauffage à vapeur est celui qui coûte le plus cher, et que c'est là le motif de refus qu'opposent les compagnies.

Nous espérons prouver en quelques mots qu'en analysant sérieusement la question, non-seulement le chauffage à vapeur ne coûte pas cher, mais qu'il présente, outre le comfort pour les voyageurs, des avantages qui dédommageront grandement les compagnies de leurs dépenses.

1° Les appareils à vapeur n'occupent que très-peu de place. Ainsi, pour deux cents wagons à six roues, il aurait fallu avoir 400 poêles (1), qui enlèvent au moins 800 places, tandis qu'avec nos appareils de chauffage, en comptant, l'une dans l'autre, une chaudière par huit wagons, nous arrivons à un chiffre de 25 chaudières, qui enlèveraient tout au plus 100 places. Ainsi cela présente à l'exploitation une augmentation de 700 places; cela fait, autrement dit, une augmentation de matériel roulant de vingt wagons, coûtant beaucoup plus cher que l'installation du chauffage à vapeur et la ventilation dans les 180 wagons.

Quant aux wagons à quatre roues, si l'on admettait des poêles comme moyen de chauffage, on arriverait bien aux mêmes résultats, mais on aurait cette différence que, pour les climats tempérés, l'installation du chauffage pneumatique à vapeur, comme nous venons de le décrire dans cette notice, coûterait, d'après le système approprié à cette espèce de wagon, chaudières et droits de brevet compris, 40 0|0 meilleur marché que la même installation appliquée au même nombre de wagons américains à six roues.

2° Outre l'économie qui résulterait, comme frais d'installation, il est évident que la traction gagnerait notablement à cette réduction de matériel, tout en disposant du même nombre de places.

3° En facilitant aux voyageurs de grands parcours

(1) Nous insistons sur deux poêles par wagon, car il est impossible de concentrer dans un seul la surface de chauffe indispensable, ni d'obtenir une température uniforme.

pendant la saison d'hiver, les directions de chemins de fer profiteraient nécessairement de l'augmentation inévitable de la circulation; il est clair, en effet, que beaucoup de personnes, même parmi celles qui ont les moyens de se vêtir chaudement, renoncent à l'idée de voyager quand c'est pour aller dans des wagons peu ou point chauffés.

4° Le temps de service des appareils solidement construits, pour les chaudières, peut être évalué à quinze ans. Quant aux appareils proprement dits de chauffage, comme ils consistent en tuyaux de fer d'une forte épaisseur, ils peuvent servir indéfiniment, car il n'y a pas de raison sérieuse d'usure; il n'y a que les articulations qui demanderaient à être remplacées tous les quatre ans.

En résumé, on peut voir que, d'après ce qui précède, il y aurait, même pour les compagnies de chemins de fer, bénéfice à appliquer le chauffage à vapeur dans tous les wagons.

Conclusion.

Après avoir démontré dans cette étude la nécessité du chauffage et de la ventilation des wagons, et montré les inconvénients des différents systèmes en usage, nous sommes fermement persuadé que l'appareil de chauffage et de ventilation, tel que nous l'avons introduit en Russie et appliqué à Vienne pour les wagons à compartiments, recevra un accueil favorable des gouvernements et des compagnies de chemins fer. Ce sera ainsi rendre un immense service au public, en même temps que faciliter les moyens de transport des troupes, non-seulement en temps de guerre, mais même dans les différents mouvements à travers le pays pendant la paix.

Nous ne croyons pas utile d'insister sur les avantages qu'on en retirerait aussi au point de vue de l'hygiène, cette question étant de la compétence du savant corps médical. Néanmoins nous espérons que ce dernier voudra bien prêter son concours pour que les moyens proposés par nous, dans l'intérêt des voyageurs, soient généralement appliqués.

Paris. — Typ. Walder, rue Bonaparte, 44.

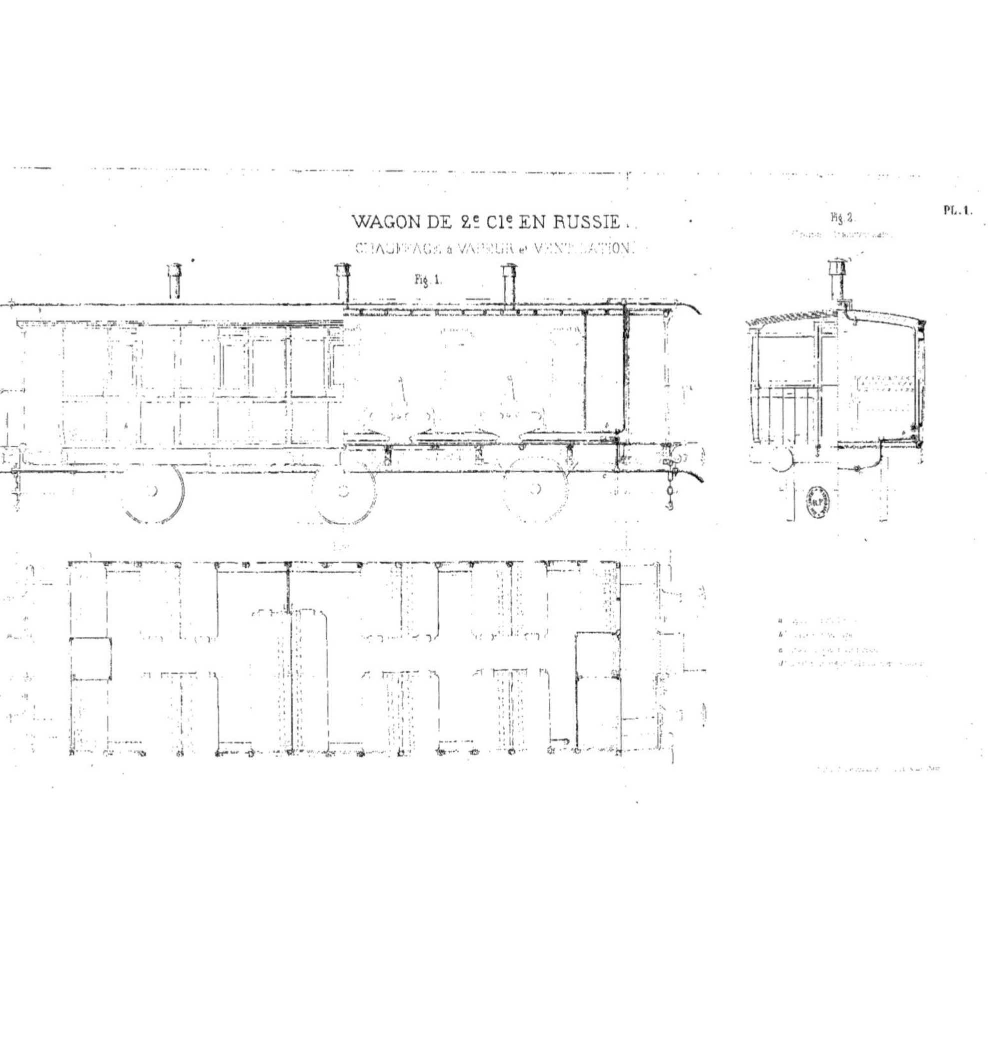
PL. 1.
WAGON DE 2e Cle EN RUSSIE.
Fig. 1.
Fig. 2.

WAGON EN AUTRICHE.

CHAUFFAGE PNEUMATIQUE à VAPEUR et à VENTILATION.

Fig. 1.

Fig. 2.

Coupe transversale.

Fig. 3.

Train composé de 12 Wagons chauffé par une Chaudière

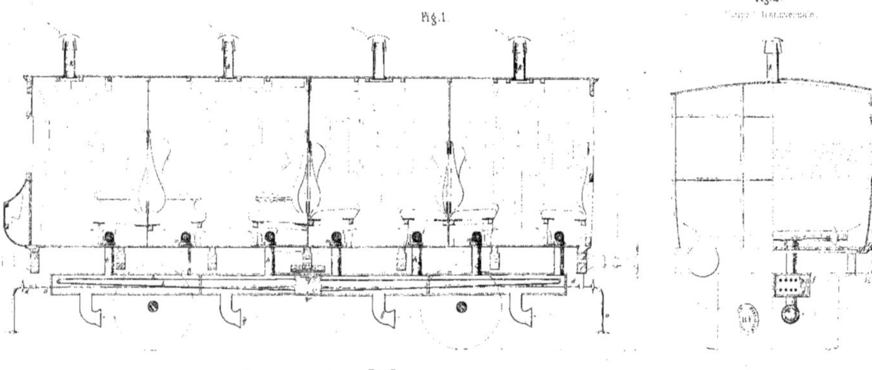

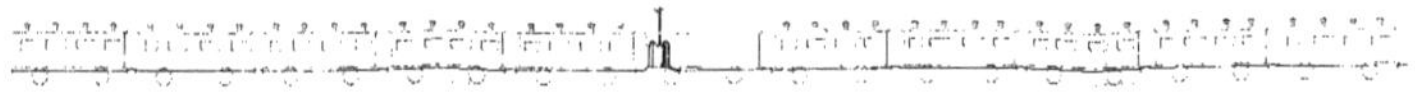

WAGON EN BAVIÈRE.

CHAUFFAGE à VAPEUR sans VENTILATION.

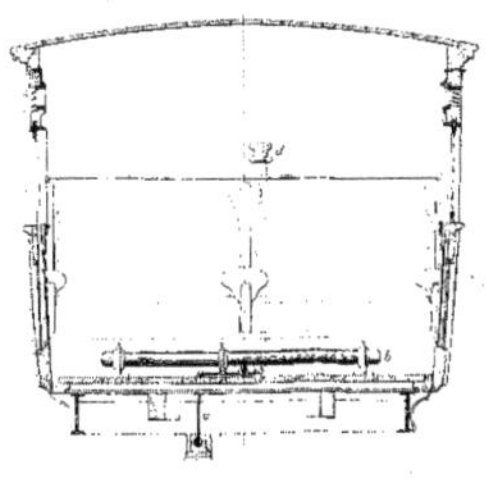

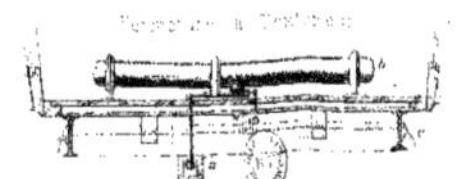

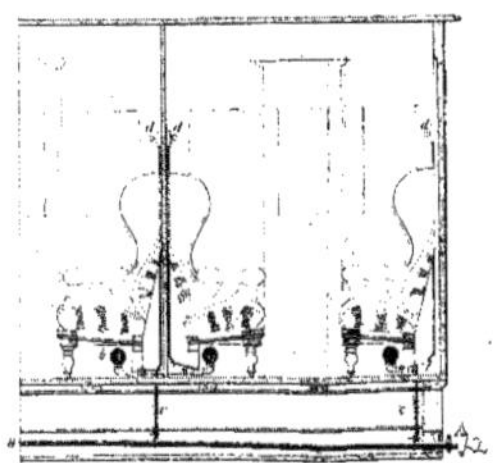

PARIS. — TYPOGRAPHIE WALDER, RUE BONAPARTE, 44.

www.ingramcontent.com/pod-product-compliance
Ingram Content Group UK Ltd.
Pitfield, Milton Keynes, MK11 3LW, UK
UKHW020314220726
13923UKWH00003B/1151

9 782019 322847